Jutta Schütz

wurde in Lebach (Saarland) geboren.

Mit ihrem ersten Bestseller „Plötzlich Diabetes" (2008) gilt die Autorin bei Kritikern als Querdenkerin. 2010 startete sie mit ihren Gesundheitsbüchern ihr Pilotprojekt in Bruchsal und später bei der VHS in Wolfsburg. Schütz schreibt Bücher, die anspornen, motivieren und spezielles Insiderwissen liefern. Sie hat bis heute über 75 Bücher geschrieben und an vielen anderen Büchern mitgewirkt. Zudem hilft sie als Mentorin und Coach vielen Neuautoren bei der Veröffentlichung ihrer Bücher.

Als Journalistin schreibt sie für viele Verlage und Zeitungen. Ihre Themen sind: Gesundheit, Psychologie, Kunst, Literatur, Musik, Film, Bühne, Entertainment. Weitere Informationen zur Autorin und ihren Büchern findet man in den Verlagen, auf ihrer Webseite - sowie im Kultur-Netzwerk.

Mehr Infos finden Sie auf der Webseite der Autorin: www.jutta-schuetz-autorin.de

Low Carb Infos
kurz und knapp zusammengefasst

Low Carb (LC) ist ein englischer Begriff und bedeutet: „wenig Kohlenhydrate". Es geht darum, die Kohlehydratzufuhr in der täglichen Nahrung deutlich zu reduzieren.

Es gibt sehr viel Literatur zum Thema Low Carb – ob Anhänger oder Gegner der LC-Ernährung, die Sachverhalte werden unterschiedlich beschrieben. Eine „Kohlenhydratarme Ernährung" korrigiert den gestörten Stoffwechsel und hilft das Übergewicht zu verringern. Der Blutzucker wird durch diese Ernährungsweise stabilisiert. Diese Art der Ernährung entlastet den Körper in vielen Bereichen. Bei einer Reduzierung der Kohlenhydrataufnahme wirkt sich das nicht nur positiv auf den Blutzuckerspiegel aus, sondern auch auf die Bauchspeicheldrüse. Sie schaltet bei der Produktion des Hormons Insulin einen Gang runter, dadurch wird die Gefahr gebannt z. B. an Diabetes zu erkranken. Eine „Kohlenhydratarme Ernährung" bedeutet: NICHT auf Kohlenhydrate völlig zu verzichten. Diese Ernährung steht für eine verminderte Aufnahme von Kohlenhydraten. Die Befürchtung, bei der Ernährungsumstellung eine Mangelerscheinung zu bekommen, kann widerlegt werden.

Die Ernährung wird bei folgenden Krankheiten eingesetzt:

Diabetes Typ 2, Rheuma und Gicht, MS (Multiple Sklerose), Migräne, Verstopfung & Blähungen, Sodbrennen, Krebs, Epilepsie, Übergewicht/Adipositas, AD(H)S, Magen- & Darmgeschwüren, Reizdarm, Schizophrenie, Parkinson, Alzheimer, Autismus, Wechseljahresbeschwerden, Pubertät, Entzündungsprozessen der Schleimhäute, Hautausschlägen & Akne, erhöhte Cholesterinwerte.

INHALTSVERZEICHNIS

07	Gemüsesticks mit Joghurt-Dip	*Zirka 14 KH, 16 MIN*
08	Avocado-Dip	*Zirka 14 KH, 10 MIN*
10	Low Carb Körnerbrot ohne Gluten	*Zirka 12 KH*
12	LC Milchschnitte mit Mandelmilch	*15 Minuten, 10 Stück*
14	Grünkohlchips (100 g)	*Zirka 04 KH, 90 MIN*
16	Zwiebelsalat	*Zirka 15 KH, 25 MIN*
18	Rettichmus	*Zirka 10 KH, 40 MIN*
20	Thai-Salat mit Kokosdressing	*Zirka 12 KH, 40 MIN*
22	Chili con Carne	*Zirka 19 KH, 40 MIN*
24	Kalte russische Wodkasuppe	*Zirka 19 KH, 35 MIN*
26	Erdbeerbrot	*Zirka 19 KH, 25 MIN*
28	Mexikanischer Salsa-Dipp	*Zirka 12 KH, 35 MIN*
30	Avocado-Grapefruitsalat	*Zirka 29 KH, 40 MIN*
32	Rettich mit Tofu	*Zirka 16 KH, 35+120 MIN*
34	Kaltes Putengeschnetzeltes mit Paprika	*Zirka 13 KH, 35 MIN*
36	Hackfleisch mit Meerrettich	*Zirka 18 KH, 35 MIN*
38	Chicken Nuggets	*Zirka 09 KH, 40 MIN*
40	Parmesan-Frikadellen	*Zirka 08 KH, 40 MIN*
42	Rosenblütensalat	*Zirka 13 KH, 35 MIN*
44	Haselnuss-Kekse	*Pro Keks zirka 6 KH, 40 MIN*
46	SONSTIGES	

© 2017 Autor: Jutta Schütz (1. Auflage)

© 2017 Buchsatz, Layout, Buchgestaltung
© 2017 Buchidee: Jutta Schütz
www.jutta-schuetz-autorin.de
E-Mail: info.jschuetz@googlemail.com

© 2017 Herstellung und Verlag:
BoD – Books on Demand, Norderstedt

ISBN: 9783744818544

Bibliografische Information der Deutschen Nationalbibliothek:
Die Deutsche Nationalbibliothek verzeichnet diese Publikation in der Deutschen Nationalbibliografie; detaillierte bibliografische Daten sind im Internet über http://dnb.d-nb.de abrufbar.

MIX
Papier aus verantwortungsvollen Quellen
Paper from responsible sources
FSC® C105338
FSC
www.fsc.org

Jutta Schütz

LOW CARB Büro-Snacks

Die kohlenhydratarme Küche

Teil 3 für Berufstätige

Wer den ganzen Tag arbeitet, nimmt die Hälfte des täglichen Essens schon während seiner Berufstätigkeit zu sich.

Ein Meeting jagt das Nächste, es gibt kaum Freizeit. Durch diesen Terminstress geht irgendwann die Puste aus und trotzdem muss sich unser Körper weiterhin in Topform befinden.

Die kohlenhydratarme Ernährung (Low Carb) ist deshalb auch besonders gut geeignet für Menschen mit wenig Bewegung. Außerdem gibt es keine unangenehmen Verdauungsprobleme mehr, sowie auch keine Müdigkeit nach dem Essen.

Mit Low Carb fühl man sich einfach wohl bei der Arbeit.

Diese Rezepte sind für eine Person

Gemüsesticks mit Joghurt-Dip

Zirka 14 KH, 16 MIN

➢ Zutaten:

300 g gemischtes Gemüse

z. B.: Kohlrabi, Möhren, Paprika Kohlrabi

2 EL frischer, geschnittener Schnittlauch (oder getrockneter)

2 EL frischer, geschnittener Petersilie (oder getrockneter)

1 Beet Gartenkresse

1 kleiner Apfel

Zirka 200 g Naturjoghurt (10% Fett)

1 EL Zitronensaft

½ TL Salz

3 – 4 Prisen Pfeffer

➢ Zubereitung:

Das Gemüse putzen und in Stifte schneiden. Schnittlauch und Petersilienblätter in feine Röllchen schneiden. Den Apfel schälen, entkernen und fein würfeln – mit dem Zitronensaft (1/2 EL) mischen. Joghurt mit Salz, Pfeffer und ½ EL Zitronensaft mischen. Gartenkresse mit der Schere abschneiden und die Hälfte mit dem Apfel und den Kräutern unter den Joghurt mischen. Den Rest der Kresse darüber streuen.

Avocado-Dip

Zirka 14 KH, 10 MIN

➢ Zutaten:

1 Scheibe Low Carb Brot

½ Avocado

3 kleine Tomaten

3 EL körniger Frischkäse

2 EL Zitronensaft

3 – 4 Prisen Salz

2 Prisen Pfeffer

> ➤ Zubereitung:

Tomaten waschen und den Stielansatz entfernen. Die Tomaten halbieren.

Die ½ Avocado schälen und den Stein entfernen.

Fruchtfleisch mit 2 TL Zitronensaft in eine Schüssel geben und fein zerdrücken (mit einer Gabel).

3 EL körnigen Frischkäse zur Avocado geben, untermischen und mit Salz und Pfeffer würzen.

Low Carb Körnerbrot ohne Gluten

Menge: Ergibt 10 Brote à 400 g / Pro Brot 8 - 10 Scheiben

Pro 1 Scheibe = 12 KH

> Zutaten:

500 g Sesamkörner

500 g Leinsamen

200 g Sonnenblumenkerne

600 g gem. Mandeln

700 g Eiweißpulver

6 Päckchen Trockenhefe

1 gehäufter EL Salz

6 Eier

250 ml Sonnenblumenöl

750 g sehr warmes Wasser

➤ Zubereitung:

Eine sehr große Schüssel nehmen, alle trockenen Zutaten (auch die Trockenhefe) hinein geben und gut durchmischen. Anschließend alle nassen Zutaten hinzu geben und gut durchkneten.

Der Teig bröselt etwas. Auf einer Waage je 400 g abwiegen und zu einer länglichen (Durchmesser: ca. 7 - 8 cm) Rolle formen. Die Rolle ist ca. 13 - 15 cm lang.

Auf ein Backblech (mit Papier auslegen, NICHT einfetten) passen 6 Brote. Backzeit: zirka 45 Minuten bei 180 Grad.

ACHTUNG: Wenn Sie möchten, können Sie das Brot vor dem Backen zirka 45 Minuten gehen lassen!

Jedes Brot in ca. 8 - 10 Scheiben schneiden und einfrieren (Zwischen jede Scheibe ein kleines Stück Alufolie legen).

Frisch hält sich das Brot zirka 3 - 4 Tage (Im Kühlschrank).

Gefroren nach Bedarf auf den Toaster legen und jede Seite einmal toasten.

Tipp: Bestreichen Sie ein paar Scheiben des Brotes leicht mit Schmand und legen es auf ein Backblech (mit Backpapier). Mit Gewürzen wie: Etwas Salz, Pfeffer, (wenig Paprika und Pizza-Gewürz) würzen und dann mit jungem Gouda im Backofen bei 160 Grad 10 Minuten überbacken. Dazu Salat reichen.

LC Milchschnitte mit Mandelmilch

15 Minuten, 10 Stück

> Zutaten für den Teig:

4 Eiweiß (Hühnereier trennen)

70 g Eiweißpulver mit Schokogeschmack

3 Eigelbe

2 TL Kakao ohne Zucker

1 TL Backpulver

100 ml Mandelmilch

> Zutaten für die Creme:

250 g Magerquark

30 g Eiweißpulver mit Vanillegeschmack

➢ Zubereitung für den Teig:

Hühnereier trennen und das Eiklar steif schlagen.

In einer 2. Schüssel aus den restlichen Zutaten (Schoko-Eiweißpulver, Eigelbe, Kakao, Backpulver) einen Teig rühren - die Mandelmilch vorsichtig hinzu geben.

Steifes Eiweiß und den Schokoteig vorsichtig vermischen und auf ein Blech (mit Backpapier auslegen) geben und glatt streichen. Bei 150 Grad zirka 16 Minuten backen.

➢ Zubereitung für die Creme:

Das Vanille-Eiweiß mit wenig (Tropfenweise) Mandelmilch verrühren. Es sollte eine sehr zähflüssige Masse sein! Den Quark hinzu geben und verrühren.

Im Kühlschrank für zirka 3 – 4 Stunden kalt stellen.

Die abgekühlten Schoko-Stücke in 20 Stücke teilen.

10 Stücke mit der Eiweiß-Masse bestreichen und eine Schokotafel darauf setzen.

Die Milchschnitten halten sich 3 Tage im Kühlschrank.

Grünkohlchips (100 g)

Zirka 4 KH, 90 MIN

➤ Zutaten:

Zirka 100 g geputzten Grünkohl

Zirka 2 g Macisblüte

½ TL Koriandersaat

½ TL Pigmentkörner

4 Prisen Zimtpulver

½ TL Sumach

½ TL Salz

> ➢ Zubereitung:

Den Grünkohl putzen (das Grüne von den mittleren und harten Rippen abzupfen). Den Grünkohl waschen und trocken tupfen.

In chipsgroße Stücke rupfen.

Die Kohlstücke auf ein Backblech (mit Backpapier auslegen) legen.

Nicht zu dicht und auch nicht übereinander legen!

Im vorgeheizten Backofen bei 130 Grad auf der 2. Schiene zirka 10 Minuten knusprig garen.

Die Backofentür mit einem Holzlöffel einen Spalt breit offen halten.

Eine Pfanne heiß werden lassen und den Koriander leicht rösten, abkühlen lassen.

Den abgekühlten Koriander zusammen mit Macisblüte, Pigmentkörner in der Küchenmaschine fein mahlen.

Mit Zimt, Sumach und Salz mischen und zu den Grünkohlchips servieren.

Macis oder Mazis (auch Muskatblüte genannt), wird der Samenmantel der Frucht des Muskatnussbaums genannt. Getrocknet oder auch gemahlen wird Macis zum Würzen von Fleischgerichten, Wurst und Gebäck verwendet.

Sumach schmeckt sehr fruchtig und sauer und wird in vielen Ländern ähnlich wie Zitrone genutzt.

Zwiebelsalat

Zirka 15 KH, 25 MIN

> Zutaten:

250 g Zwiebeln (Salatzwiebeln mild)

100 g Frischkäse

2 EL flüssige Sahne

1 EL Olivenöl

1 EL Wasser

1 EL Petersilie

1 EL Schnittlauch

1 TL Zitronensaft

2 Prisen Cayennepfeffer

½ TL Currypulver

½ TL Salz

➤ Zubereitung:

Die Zwiebeln schälen, waschen und halbieren.

In dünne Halbmonde schneiden.

Die Zwiebeln mit kochendem Salzwasser (1 Liter) übergießen und 15 Minuten ziehen lassen.

Zwiebeln abtropfen lassen und mit Öl und den Gewürzen anrichten.

ACHTUNG: Zwiebelsalat in 24 Stunden aufbrauchen!

Rettichmus

Zirka 10 KH, 40 MIN

> ➢ Zutaten:

½ weißer Rettich

80 ml saure Sahne

2 TL flüssige Sahne

½ Zwiebel

1 kleine Möhre

1 Knoblauchzehe

100 g Kohlrabi (aus dem Glas)

1 EL geschnittene Petersilie

1 EL geschnittener Schnittlauch

1 EL Zitronensaft

½ TL Salz

3 Prisen Pfeffer

➢ Zubereitung:

Petersilie, Schnittlauch und Zwiebel sehr klein würfeln.

Rettich und Möhre fein reiben. Kohlrabi in sehr dünne Streifen schneiden.

Knoblauch klein pressen. Alles zusammen mit den Gewürzen mischen.

Tipp: Dieses Rezept können Sie auch als Dipp zu Fleischspeisen benutzen zum Beispiel zu Fondue.

Das Mus schmeckt auch sehr gut auf gebackenem Low Carb Brot.

Thai-Salat mit Kokosdressing

Zirka 12 KH, 40 MIN

➢ Zutaten:

250 g Chinakohl

2 mittlere Stangen Staudensellerie

1 kleine Möhre

100 g grüne Bohnen (aus dem Glas)

2 Frühlingszwiebeln

1 Knoblauchzehe

2 EL Zitronensaft

2 EL Kokosmilch

1 TL Kokosflocken

2 EL flüssige Sahne

1 EL Erdnusscreme (ohne Zucker)

1 EL Chilisoße

1 TL Sojasoße

½ TL Salz

1 MSP Pfeffer

➤ Zubereitung:

Chinakohl waschen, trocknen, in Stücke zupfen. Sellerie und die Möhren waschen, schälen und in dünne Streifen schneiden.

Frühlingszwiebeln klein würfeln und mit dem Chinakohl, Sellerie und Möhren in eine Schüssel geben.

Den Knoblauch klein pressen. Mit den restlichen Zutaten in der großen Schüssel mischen und zirka 20 Minuten ziehen lassen.

Tipp: Der Salat hält sich 2 Tage im Kühlschrank und passt auch zu vielen Fleischgerichten oder nur mit Low Carb Brot.

Chili con Carne

Zirka 19 KH, 40 MIN

➤ Zutaten:

50 – 100 g Kidneybohnen (aus der Dose)

100 g Kohlrabi (aus dem Glas)

½ gelbe Paprika (oder grün, gelb)

1 kleine Möhre

2 kleine Tomaten

½ kleine Zwiebel

3 Prisen Knoblauchpulver)

2 EL flüssige Sahne

1 EL Zitronensaft

2 EL Olivenöl

3 Prisen Chilipulver

½ TL Paprikapulver

½ TL Currypulver

½ TL Salz

200 ml Gemüsebrühe

➤ Zubereitung:

Pfanne heiß werden lassen, Olivenöl hinzu geben. Zwiebel, Tomaten, Möhre und Paprika würfeln und 6 Minuten im Öl leicht anschwitzen.

Gemüsebrühe, Gewürze, und die restlichen Zutaten hinzu geben und weitere 5 Minuten garen.

Am Ende die Kidneybohnen dazu geben und 2 – 3 Minuten mit garen.

Dazu schmeckt Low Carb Brot.

Tipp: Low Carb Brot Scheiben mit Olivenöl beträufeln, mit Käse belegen und im Backofen bei 200 Grad 6 Minuten überbacken.

Kalte russische Wodkasuppe

Zirka 19 KH, 35 MIN

➤ Zutaten:

200 ml frisch gepresster Gurkensaft

100 ml saure Sahne

100 ml flüssige Sahne

100 g Rote Bete

1 Ei

½ rote Paprika

2 EL geschnittener Schnittlauch

2 EL Wodka

1 EL Zitronensaft

½ TL Chilipulver

½ TL Paprikapulver

½ TL Currypulver

➢ Zubereitung:

Paprika und die Rote Bete werden in kleine Würfel geschnitten.

Das Ei hart kochen und würfeln.

Den Gurkensaft mit der sauren und süßen Sahne mischen.

Ei, die Rote Bete und die Paprika dazu geben.

Schnittlauch in feine Ringe schneiden, dazu gegeben.

Wodka und den Zitronensaft hinzu geben und mit den Gewürzen abschmecken.

Die Suppe wird kalt gegessen!

Sie hält sich 2 Tage im Kühlschrank.

Tipp: Auch zu dieser kalten Suppe schmeckt das Low Carb Brot.

Und auch hier können Sie dieses Brot im Backofen überbacken. Anstatt Käse bestreichen Sie es mit Knoblauchbutter oder belegen es nur mit Tomaten und würzen es mit etwas Salz und Pfeffer.

Erdbeerbrot

Zirka 19 KH, 25 MIN

➢ Zutaten:

100 g Doppelrahmfrischkäse

2 EL trockener Wein

200 – 300 g Erdbeeren

3 Prisen Pfeffer

2 MSP Salz

2 EL frische Minzeblätter zum Garnieren

1 Scheibe Low Carb Brot

➢ Zubereitung:

Käse mit dem Wein cremig rühren und mit Salz abschmecken.

Erdbeeren waschen, Stiele auszupfen und die Früchte mit Küchenpapier trocken tupfen und dann halbieren.

Die Brotscheiben mit dem Käse bestreichen und mit den Erdbeerhälften belegen.

Die Brote mit dem Pfeffer bestreuen, mit der Minze garnieren.

Tipp: Wenn Sie dieses Gericht für die Arbeit mitnehmen möchten, dann schneiden Sie sich Brotscheiben, halbieren die Erdbeeren.

Erdbeeren, die Minzeblätter und die Käsecreme getrennt in Frischhaltedosen aufbewahren. Erst am Arbeitsplatz anrichten.

Diese Käse-Erdbeercreme schmeckt auch sehr gut als Dipp zu exotischen Fleischsorten.

Mexikanischer Salsa-Dipp

Zirka 12 KH, 35 MIN

➢ Zutaten:

4 kleine Tomaten

1 Zehe Knoblauch

½ Bund frischer Koriander

1 kleine grüne Chili

1 Frühlingszwiebel

1 EL Schnittlauch

1 EL Olivenöl

1 EL Zitronensaft

½ TL Streusüße (Süßstoff)

½ TL Paprikapulver

½ TL Currypulver

½ TL Salz

➢ Zubereitung:

Tomaten fein würfeln. Knoblauch fein würfeln, Chili entkernen und fein hacken. Frühlingszwiebel in feine Ringe schneiden, Koriander und Schnittlauch grob schneiden, mit den übrigen Gewürzen und Zutaten in einer Schüssel mischen.

Tipp: Für eine sehr grobkörnige Salsa werden sämtliche Zutaten in eine Schüssel gegeben und gut durchgerührt.

Die Salsa hält sich 3 Tage im Kühlschrank und passt zu Brot, Fleisch- und Fischgerichten.

Avocado-Grapefruitsalat

Zirka 29 KH, 40 MIN

➢ Zutaten:

1 Grapefruit

1 Avocado

2 EL trockener Weißwein

1 EL Zitronensaft

1 unbehandelte Zitrone für die Scheiben

1 EL Tomatenketchup (Zuckerreduziert)

½ Eisbergsalat

1 Eigelb

2 EL Olivenöl

½ TL Senf

1 EL Essig

2 EL frischen Schnittlauch

½ TL Chilipulver

½ TL Salz

3 Prisen Pfeffer

➢ Zubereitung:

Salat waschen und die Blätter ganz lassen.

Zitrone in Scheiben schneiden.

<u>Für die Mayonnaise:</u> Eigelb, Senf, Öl, Essig, Salz und Pfeffer, gut miteinander verrühren und kühl stellen.

Grapefruit halbieren, das Fruchtfleisch herausschneiden und in eine Schüssel geben.

Avocados halbieren, den Stein herausnehmen und das Fruchtfleisch in Würfel schneiden.

Mit der Grapefruit mischen und mit Zitronensaft und dem Wein beträufeln.

Salz, Pfeffer, Chilipulver und Ketchup dazugeben und alles vorsichtig mit der Mayonnaise vermischen.

Schnittlauch in grobe Stifte schneiden.

Eine Glasschüssel mit den Salatblättern auslegen und den fertigen Salat darauf anrichten.

Mit Zitronenscheiben garnieren und bis zum Servieren kühlstellen.

Rettich mit Tofu

Zirka 16 KH, 35 MIN + 2 Stunden

> ➢ Zutaten:

1 kleiner Rettich

150 g Tofu

2 EL Walnüsse

1 EL Nussöl

1 EL Balsamicoessig

1 EL Zitronensaft

2 – 3 Prisen Salz

1 – 2 Prisen Pfeffer

> ➤ Zubereitung:

Rettich schälen und in dünne Scheiben schneiden, salzen und 2 Stunden ziehen lassen.

Das Wasser abschütten.

Tofu in kleine Würfel schneiden.

Walnüsse klein hacken.

Rettich mit allen Zutaten (ohne den Käse) in eine Schüssel geben und gut durchmischen, mit Käse garnieren.

Kaltes Putengeschnetzeltes mit Paprika

Zirka 13 KH, 35 MIN

➢ Zutaten:

2 kleine Putenschnitzel

Zirka 150 g eingelegte Paprika

1 kleine Zwiebel

1 EL Zitronensaft

2 Prisen Currypulver

½ TL Paprikapulver (süß)

½ TL Salz

3 Prisen Pfeffer

4 EL Olivenöl

Ein paar Salatblätter (Eisberg- oder Kopfsalat)

➢ Zubereitung:

Schnitzel in dünne Streifen schneiden, mit 2 EL Olivenöl und dem Zitronensaft beträufeln und mit den Gewürzen würzen.

Beiseite stellen.

Paprika aus dem Glas in einem Sieb abtropfen lassen.

Zwiebel schälen, waschen und klein würfeln.

Den Paprika klein schneiden.

Pfanne heiß werden lassen, 1 EL Olivenöl hinzu geben.

Zwiebel mit den Paprika darin zirka 3 Minuten dünsten.

Eine 2. Pfanne heiß werden lassen, 1 EL Olivenöl hinzu geben und die Fleischstreifen zirka 6 Minuten stark anbraten.

Das Fleisch und die Zwiebel/Paprika-Masse abkühlen lassen!

Salatblätter waschen, mit Salz und Pfeffer würzen.

Die Salatblätter in eine z. B. Plastik-Schüssel mit Deckel legen. Darauf die Fleischstücke und die Zwiebel/Paprika-Masse Gemüse (ohne Brühe) geben.

Hackfleisch mit Meerrettich

Zirka 18 KH, 35 MIN

➢ Zutaten:

300 g gemischtes Hackfleisch

½ Zwiebel

1 kleine Möhre

1 Ei

1 kleine rote Chilischote

100 g Schmand

100 g Magerquark

50 g Joghurt

½ EL geriebener Meerrettich (Glas oder Tube)

1 EL Zitronensaft

½ TL Salz

2 Prisen Pfeffer

3 EL Olivenöl

➢ Zubereitung:

Zwiebel schälen und in kleine Würfel schneiden.

Möhre waschen und in kleine Würfel schneiden.

Chilischote waschen, längs aufschneiden, entkernen und ebenfalls in kleine Würfel schneiden.

Hackfleisch, Zwiebel, Möhre, Chilischote, Ei und Schmand verrühren und mit Salz und Pfeffer würzen.

Walnussgroße Bällchen formen.

Pfanne heiß werden lassen und das Olivenöl hinzu geben.

Die Bällchen zirka 13 Minuten anbraten.

Für die Soße:

Quark, Joghurt, Meerrettich und Zitronensaft verrühren. Mit Salz und Pfeffer abschmecken. Hackbällchen auf einen großen Teller legen und abkühlen lassen.

Die Soße in eine Plastik-Schüssel mit Deckel geben (zum Mitnehmen).

Chicken Nuggets

Zirka 9 KH, 40 MIN

> ➢ Zutaten:

300 g Hähnchenbrustfilet

300 ml Sojasoße

60 g gemahlene Mandeln (Mandelmehl)

60 g Sesam

½ TL Salz

3 Prisen Pfeffer

1 TL Currypulver

➢ Zubereitung:

Das Hähnchenbrustfilet in mundgerechte Stücke schneiden und mit Salz, Pfeffer und Curry würzen.

Stellen Sie zwei Schüsseln bereit. In die 1. Schüssel geben Sie bitte die Sojasoße, in die zweite Schüssel das Mandelmehl und den Sesam.

Die Hähnchenstücke zuerst in der Sojasoße schwenken und in der zweiten Schüssel mit dem Mandelmehl und Sesam panieren.

Backofen auf 200 Grad zirka 10 Minuten vorheizen und die Chicken Nuggets auf ein Backblech mit Backpapier legen.

Bei 200 Grad zirka 25 Minuten goldbraun backen.

Parmesan-Frikadellen

8 KH, 40 MIN

➢ Zutaten:

250 g gemischtes Hackfleisch

2 EL geriebenen Parmesan-Käse

100 g Magerquark

1 kleine Zwiebel

1 Knoblauchzehe (fein gehackt)

2 EL geschnittener Petersilie

1 TL Sambal Oelek

2 – 3 EL Olivenöl

1 EL Zitronensaft

1 TL Salz

3 – 4 Prisen Pfeffer

½ TL Currypulver

➤ Zubereitung:

Alle Zutaten in einer Schüssel gut vermischen und zu kleinen Bällchen formen.

Pfanne heiß werden lassen und das Öl hinzu geben.

Im heißen Fett die Hackfleischbällchen zirka 3 Minuten gut anbraten und die Pfanne auf mittlere Stufe stellen und die Bällchen zirka 20 Minuten fertig garen.

Rosenblütensalat

Zirka 13 KH, 35 MIN

➢ Zutaten:

300 g Feldsalat oder Löwenzahnsalat

150 g Frühstückspeck

2 gekochte Eier

2 EL Schnittlauch

2 EL Rosenessig

1 - 2 EL Olivenöl

1 TL Streusüße

3 Prisen Salz

1 Prise Pfeffer

1 Hand voll Blätter von ungespritzten Rosen

1 Scheibe Low-Carb Brot

➢ Zubereitung:

Frühstückspeck klein schneiden und in einer heißen Pfanne auslassen (zirka 10 Minuten).

Gewaschenen und getrockneten Salat in eine Schüssel (die Sie mitnehmen können) geben.

Eier und den Schnittlauch klein würfeln.

Den abgekühlten Speck sowie die Eier und Schnittlauch zum Salat geben.

Mit dem Olivenöl, Rosenessig, Salz, Pfeffer und Zucker mixen.

Brot auf dem Toaster rösten.

Die Rosenblätter zum Bestreuen des Salates extra einpacken.

Haselnuss-Kekse

Pro Keks zirka 6 KH, 40 MIN

> ➤ Zutaten:

1 Glas Erdnussbutter (mit Stückchen)

400 g Cremedouble

300 g gehackte Haselnüsse

1 Fläschchen Vanillebackaroma

1 EL flüssiger Süßstoff

2 - 3 EL Eiweißpulver

2 TL Backpulver

➤ Zubereitung:

Alle Zutaten in einer Schüssel gut verrühren.

Der Teig soll sich formen lassen. Vielleicht müssen Sie noch 1 EL Eiweißpulver hinzu geben.

Mit einem EL die Kekse auf ein Backblech (Mit Backpapier auslegen) geben und bei 180 Grad 10 - 15 Minuten backen.

Tipp: Sie können auch andere Nüsse nehmen und auch zirka ½ TL Zimt zu dem Teig geben.

Die Kekse schmecken sehr gut mit süßem Quark.

Das Eiweißpulver

Eiweißpulver (Proteinpulver) als Mehlersatz

Das Eiweißpulver ist das Multitalent

der kohlenhydratreduzierten Küche.

Eiweißpulver als Mehlersatz wird immer beliebter in der Low Carb Ernährung.

Das Pulver hat je nach Firma einen Kohlenhydratwert von zirka 0,8 bis 5,0 pro 100 g.

Es wird von Sportlern „eigentlich" für den Muskelaufbau benutzt und eignet sich aber auch sehr gut zum Backen und Kochen in einer kohlenhydratarmen Ernährung.

Man bekommt dieses Pulver in allen möglichen Geschmacksrichtungen (auch mit neutralem Geschmack) und kaufen kann man es in Sportgeschäften, Bodybuildershops, großen Supermärkten und Reformhäusern.

Wer mehr Infos über das Eiweißpulver erfahren möchte, gibt dieses Wort einfach als Suchfunktionswort ein.

Autoren: Sabine Beuke & Jutta Schütz
Verlag: Books on Demand

ISBN-10: 3842383177, 13: 978-3842383173   ISBN-10: 3738636773, 13: 978-3738636772

In den aktuellen wissenschaftlichen Studien setzt sich immer mehr die Meinung durch, dass die Kohlenhydrate Mitverursacher ernährungsbedingter Zivilisationskrankheiten sind. Low Carb (Kohlenhydratarme Ernährung) korrigiert den gestörten Stoffwechsel und der Blutzucker wird durch diese Ernährungsweise stabilisiert.

Viele Gemüsesorten sind richtige Multi-Gesundheitstalente. Sie hemmen Entzündungen, stärken das Immunsystem und beugen Herz-Kreislauf-Erkrankungen vor.

Die Low Carb Bücher der Autorinnen „Sabine Beuke & Jutta Schütz" haben sich einen festen Platz in den Bestsellerlisten und in der Presse erobert.
Die Bücher sind auch als E-Book käuflich auf dem download-Portal von itunes.apple.com, verfügbar, sowie auch auf dem iPhone, iPad oder iPod touch. Überall im Handel erhältlich (auch in den USA, Kanada und Australien).

42 Rezepte

ISBN-10: 3732243281 und
ISBN-13: 978-3732243280

Selbst kochen und Zeit sparen
erfordert eine gute Planung.
Mit den richtigen Rezepten
macht das Kochen Spaß und in
diesem Koch/Back-Buch
kommen auch Vegetarier nicht
zu kurz.

Teil 1

25 Rezepte

ISBN-10: 3734754755 und
ISBN-13: 978-3734754753

Auch für Berufstätige gibt es
pfiffige Low Carb Rezepte
(Kohlenhydratarme Küche). Sie
lassen sich vielseitig
kombinieren und man kann sie
auch einfrieren oder aufwärmen.

Teil 2

Verlag BoD – bei über 1000 Händlern lieferbar